AF545718

Rudolf Diemer und Joachim Jenrich

DIE RHÖN

Faszination Natur

MICHAEL IMHOF VERLAG

BILDNACHWEIS

Diemer, Rudolf: Titel, 4/5, 10, 11 u., 12, 13, 16–20, 22–43, 45–47, 48 o. & u. M., 49 o. & u. M., 50, 51 o., 52–55, 57, 59–61, 63, 66, 72, 74 u., 75–77, 78 u., 79–81, 83, 84 o. l., u. l. & r., 85–109, 111 o., 112, 113 o. l., 114–125, 129, 134, 135, 137, 138 u., 140 o., 141 o., 142–145, 146 o., 147, 148, 150, 151, 152 o. r., 155, 156 l., 157, Rückseite
Jenrich, Joachim: 2, 7, 9, 11 o., 15, 21 o., 48 u. l. & r., 51 u., 58, 62, 73, 74 o. & M., 78 o., 82, 84 o. r., 104 M. l., 110, 111 u., 113, 126, 127, 130–133, 136, 138 o., 139, 140 u., 141 u., 144 M. l., 146 u. r., 149, 152, 153, 154, 156 r., 158 M. & u., 159, Rückseite
Nicolay, Harald: 118 u. r.
Röder, Göran: 21 u., 146 u. l., 156 M., 158 o., 159 u. r.

Titelbild: Die Abtsrodaer Kuppe und das Plateau der Wasserkuppe von Nordwesten, Foto: Joachim Jenrich
Rückseite: Rotmilan, Foto: Rudolf Diemer und Milseburg, Foto: Joachim Jenrich

Rudolf Diemer und Joachim Jenrich, Die Rhön – Faszination Natur
Michael Imhof Verlag, Petersberg 2018

Michael Imhof Verlag GmbH & Co. KG
Stettiner Straße 25 | 36100 Petersberg
Tel.: 0661-2919166-0 | Fax: 0661-2919166-9
www.imhof-verlag.com | info@imhof-verlag.de

Gestaltung und Reproduktion: Michael Imhof Verlag
Druck: Grafisches Centrum Cuno GmbH & Co. KG, Calbe

Printed in EU

978-3-7319-0701-5

INHALT

Blick vom Beilstein zur Wasserkuppe

DIE RHÖN – EIN BIOSPHÄRENRESERVAT

Die UNESCO stellte 1991 eine einzigartige Mittelgebirgslandschaft als Biosphärenreservat unter Schutz: die Rhön, gelegen im Dreiländereck zwischen Hessen, Bayern und Thüringen im Herzen Deutschlands. Von den sanft geschwungenen freien Bergrücken und zahlreichen Vulkankuppen schweift der Blick über zwischen blumenreiche Wiesen und Äcker eingebettete Dörfer, edellaubholzreiche Buchenwälder sowie großflächige Rinder- und Schafweiden. Im „Land der offenen Fernen" braucht man nicht weit zu gehen, um seinen Horizont zu erweitern, heißt einer der Werbeslogans.
Vor allem seit der Zeit der Christianisierung durch St. Bonifatius und St. Kilian im 8. Jahrhundert wurden planmäßig Rodungsinseln geschaffen und Siedlungen gegründet. Durch Brennholznutzung, großflächig betriebene Köhlerei und die Gewinnung von Eisen und Glas reduzierte sich während des Mittelalters die Waldfläche Buchoniens auf 20 Prozent. Während die steilen und versteinten Hänge bewaldet blieben, etablierte sich auf den flachwelligen Hochflächen die Weidenutzung. Aus der Kenntnis ihrer Landschaftsgeschichte heraus schufen die Rhöner eine eigene Identität und versuchen, diese einmalige Kulturlandschaft nachhaltig weiterzuentwickeln.

LANDSCHAFT IM DREILÄNDERECK

Im Dreiländereck der Rhön leben rund 130 000 Menschen. Die Kulisse des Biosphärenreservats umfasst rund 243000 ha; davon entfallen auf Hessen 64 828 ha, auf Bayern 129 585 ha und auf Thüringen 48 910 ha. Der Naturpark Hessische Rhön liegt mit etwa 70 Prozent seiner Fläche im Biosphärenreservat und größtenteils im Landschaftsschutzgebiet Hessische Rhön. Dieser Naturpark umfasst 34 Naturschutzgebiete mit einer Gesamtfläche von rund 4500 Hektar.

Die Rhön gehört zu den Landschaften in Deutschland, die in besonderem Maße durch vulkanische Vorgänge in der Tertiärzeit geprägt worden sind. Nachfolgende Hebung und eine in der Folge intensive Abtragung haben diese Landschaft in charakteristische Teilabschnitte gegliedert. Zahlreiche, bis über 800 Meter hohe Vulkankegel bilden die Vorder- und Kuppenrhön. Basalt-, Phonolith- und Trachytschlote durchbrachen vor 20 Millionen Jahren die Gesteinssockel aus Buntsandstein und Muschelkalk. Im nördlichen Teil der Kuppenrhön bei Rasdorf/Eiterfeld sind neun markante Bergkuppen hintereinander aufgereiht, die als „Hessisches Kegelspiel" bezeichnet werden. Auf einigen dieser Höhen befinden sich Ringwallanlagen und alte Siedlungsplätze, deren Funde Zeugnis von der frühgeschichtlichen Besiedlung vor allem in der Eisenzeit geben. Die Hohe Rhön ist unterteilt in das Gebiet des bis zu 950 Meter hohen Wasserkuppenmassivs, die Südrhön mit Kreuzberg und den Schwarzen Bergen und die so genannte Lange Rhön. Letztere ist ein durch basaltische Deckenergüsse gebildeter langgestreckter flachwelliger Höhenzug. In der Hohen Rhön finden sich sechs Berge mit über 900 Metern und zahlreiche mit über 800 Metern Höhe, auf denen im Jahr bis zu 1200 mm Niederschlag fallen. Ein Viertel des Niederschlags fällt üblicherweise als Schnee, der 40–60 Tage liegen bleibt. Bis zu 200 Tage mit Nebel stellen einen bedeutenden Niederschlagsfaktor dar. Stabile Hochdruck- und Inversionswetterlagen bieten vor allem im Herbst gute Fernsichten. Vom Schonklima bis zum Reizklima bietet die Rhön alle Übergangsstufen.

BIOSPHÄRENRESERVAT

Die dauerhafte Bewahrung der biologischen Vielfalt, die Entwicklung und Anwendung naturverträglicher Nutzungsformen und auch En-

gagement auf den Gebieten der Bildung und Forschung fordert die UNESCO von den Biosphärenreservaten ein. 669 Biosphärenreservate in 120 Ländern stellen sich weltweit dieser Aufgabe im Programm „man and biosphere“ (Der Mensch und die Biosphäre). Die derzeit 16 Biosphärenreservate in Deutschland repräsentieren charakteristische Lebensräume wie die Meeresküstenregion, Mittelgebirge und das Hochgebirge. Dabei werden die naturnahen Teilbereiche als so genannte Kernzonen von jeglicher wirtschaftlicher Nutzung ausgespart. Sie machen mindestens drei Prozent der Gesamtfläche eines Biosphärenreservats aus. Die Pflegezonen beinhalten große zusammenhängende Gebiete, die die regionaltypische gewachsene Kulturlandschaft dokumentieren und meist eine hohe Artenvielfalt aufweisen. Sie sind in der Regel als Naturschutzgebiete ausgewiesen und/oder unterliegen einer besonderen Förderung im Rahmen der Agrarumweltprogramme. Dabei handelt es sich oft um Grenzertragsstandorte, die nur durch Formen traditioneller Landnutzungen erhalten werden können. Hier ergibt sich heute der größte Pflegeaufwand zur langfristigen Sicherung der Lebensräume. In Entwicklungszonen liegen die guten Ackerbaugebiete sowie Siedlungs- und Verkehrsflächen. Gerade in diesen intensiv genutzten Räumen sollen modellhafte, nachhaltige Bewirtschaftungsformen umgesetzt werden, die Ökonomie und Ökologie in Einklang bringen.
In der Rhön gibt es aufgrund der starken Landschaftsgliederung und der daraus resultierenden großflächigen Verteilung besonderer Lebensräume mehrere kleinflächige Kernzonen, die jeweils von Pflegezonen unterschiedlichster Ausprägung umgeben sind („Cluster-Lösung“). Dazu zählen Hochmoore, Auen, edellaubholzreiche Wälder auf Blockschutt sowie verschiedene Buchenwaldtypen.

Einige alte und markante Einzelbäume in den Ortschaften und in der Feldflur sind neben Quellen und Felsformationen als Naturdenkmale ausgewiesen. Zeugnisse vergangener Epochen und Landbewirtschaftungsformen finden sich vielfach in der Landschaft. Dazu gehören unter anderen Ringwälle, Landwehre, Fliehburgen, Steinriegel, Wölbäcker, Steinkreuze, Kreuzsteine, Bildstöcke und Kreuzigungsgruppen. Auch mittelalterliche Waldnutzungsformen wie Plenter- oder Mittelwald werden noch betrieben.

ERHALT DER BIODIVERSITÄT

In den für die Rhön typischen Kulturlandschaftslebensräumen wie den Waldstorchschnabel-Goldhaferwiesen, Trollblumen-Feuchtwiesen, Borstgrasrasen, Kalkmagerrasen, Wacholderheiden, Streuobstwiesen und Heckengebieten leben bestimmte Charakterarten. Ziel des botanischen und zoologischen Artenschutzes im Biosphärenreservat Rhön ist es, diese Leitarten möglichst genau zu erfassen und langfristig in ihrer Bestandsentwicklung zu beobachten. Da sie für bestimmte Teilräume und Lebensgemeinschaften wertgebend sind, bieten sie sich als Gradmesser für eine im Sinne der UNESCO nachhaltige Landschaftsentwicklung an. Entwickeln sich deren Bestände gut, ist gleichzeitig vielen Begleitarten geholfen, die aufgrund ihrer geringen Größe oder Seltenheit weniger bekannt sind. Durch die Auswahl gut beobachtbarer Arten ist eine größtmögliche Akzeptanz in der Bevölkerung gegeben. Außerdem lassen sich so die begrenzten Mittel für die Landschaftspflege und den Artenschutz am effektivsten einsetzen. Etwa 70 Farn- und Blütenpflanzen sowie je 15 Moose und Flechten wurden aus mehreren tausend Arten als für die Rhön bedeutsame Zielarten ausgewählt. Dazu gehören etwa Geheebs Kurzbüchsenmoos, das nach einem Botaniker aus der Rhön benannt ist und das im übrigen Europa weitgehend fehlt, oder auch der Scheidige Gelbstern und die Drüsige oder Sumpffetthenne, die zu den am stärksten gefährdeten Pflanzen in ganz Deutschland zählen. Insgesamt 23 Vogelarten, darunter Birkhuhn, Wachtelkönig, Braunkehlchen, Bekassine und Wiesenpieper für die Offenlandschaft, Raubwürger und Neuntöter für die Heckengebiete, Schwarzstorch, Waldschnepfe, Schwarzspecht und Hohltaube für den Buchenwald wurden ausgewählt. Für einige Arten wie z. B. den Rotmilan hat die Rhön aufgrund der hohen Brutdichte eine große Bedeutung für den weltweiten Gesamterhalt der Art. Relikte einer urzeitlichen und teilweise endemischen Grundwasser- und Quellenfauna sowie die Alpenspitzmaus als nacheiszeitliches Faunenelement sind besonders erwähnenswert. Mithilfe der Auswahl von insgesamt 100 Tierarten im Rahmen des Zielartenkonzepts, darunter 18 Tagfalterarten, 9 Heuschreckenarten, 6 Amphibien- und 3 Reptilienarten sowie 8 Säugetierarten wird der Erhalt der Biodiversität in der Rhön angestrebt.

Blick über die Milseburg nach Norden

Blick über den Schafstein nach Süden zum Stirnberg (links) und Steinkopf (rechts)

Blick über das Goldloch und den Pferdskopf nach Westen in die Kuppenrhön

Blick über die Abtsrodaer Kuppe und die Wasserkuppe nach Südwesten

Blick über Rückberg, Rabenstein, Beilstein, Eierhauck und Rommerser Berg in den Gersfelder Talkessel
Blick auf das Dammersfeld von Südwesten

Der Himmeldunkberg im Oberen Brendtal

Der Kreuzberg, heiliger Berg der Franken

Blick auf die Elsgellen und den Franzosenweg im Naturschutzgebiet Lange Rhön

Blick nach Nordosten über die Schornhecke und das Naturschutzgebiet Lange Rhön

Das Hessische Kegelspiel

Blick vom Steinküppel nach Norden auf das Dammersfeld

DIE WÄLDER DER RHÖN

Nach Ende der letzten Eiszeit entwickelte sich bei Tundraklima eine lockere Waldgesellschaft aus Moorbirke, Erle, Weide und Haselnuss. In der darauffolgenden Warmzeit dominierte die Eiche weite Landesteile. Als vor etwa 3000 Jahren wieder eine allmähliche Abkühlung einsetzte, wurde die Eiche von der Buche auf Sonderstandorte verdrängt und gewann statt ihrer die Oberhand. Die Eiche kommt heute vor allem auf sehr trockenen Blockschutthängen oder als Mischbaumart auf Sandböden vor. Die Rhön liegt im Kernverbreitungsgebiet der Rotbuche in Mitteleuropa. Mit der zunehmenden Einengung dieses großen zusammenhängenden Waldgebiets im Mittelalter blieb der Name Buchonien bis zuletzt für die Rhön erhalten. Die Rhöner Buchenwälder sind je nach Bodentyp, Exposition, Feuchte und Humusgehalt sehr vielgestaltig. Auf humusreichen, tiefgründigen Basaltverwitterungsböden entwickeln sich Frühblüher wie Märzenbecher, Lerchensporn, Gelbe Anemone oder Waldbingelkraut in der Krautschicht vor dem Laubaustrieb. In feuchten Waldschluchten und auf blocküberlagerten Hängen dominieren Edellaubhölzer wie Bergulme, Spitzahorn, Bergahorn und Sommerlinde. Auf Muschelkalk siedeln orchideenreiche Buchenwälder. Orchideenarten wie Breitblättrige, Kleinblättrige und Rote Sumpfwurz, Händelwurz, Korallenwurz und Rotes Waldvögelchen kommen in solchen Wäldern vor. Oft sind hier Massenbestände von Seidelbast, Türkenbund, Waldschlüsselblume oder Bärlauch ausgebildet. Die ehemals großflächig vorhandenen Bachauenwälder und die flussbegleitenden Weichholz- und Hartholzauenwälder sind weitestgehend aus der Landschaft verschwunden. Gehölzgalerien aus Schwarzerle, Haselnuss, Esche und Weidenarten sind an den Bachläufen übrig geblieben. Durch Hochwasserereignisse erhält die Wiederherstellung solcher Lebensräume durch eine besondere Lenkung von Naturschutz- und Kompensationsmaßnahmen in den Auen wieder verstärkte Bedeutung.

Heimische Sägewerke und Schreinereien haben sich zu den so genannten „Rhönholzveredlern" zusammengeschlossen. Sie lassen Massivholzmöbel-Unikate aus rotkerniger Buche und olivfarbiger Esche entstehen. Die Nutzung der Wälder für Brennholz, Energie- und Industrieholz hat gerade in der mit nur 35 Prozent Waldanteil ausgestatteten Rhön eine hohe wirtschaftliche Bedeutung. Die größten zusammenhängenden Waldgebiete der Rhön sind der Salzforst zwischen dem Kreuzberg und Bad Kissingen mit 17 500 Hektar, das Gebiet der südlichen Rhön mit dem Truppenübungsplatz Wildflecken im Übergangsbereich zum Spessart mit 7000 Hektar, der Gieseler Forst mit 8000 Hektar sowie zusammenhängende Buchenwaldbänder an verschiedenen Stellen der Vorder- und Kuppenrhön.

Der Salzforst

Der Haderwald und der Eberswald mit der Ebersburg

Frühlingsboten im Laubwald: Märzenbecher (oben), Lerchensporn (links) und Buschwindröschen (rechts)

Waldmeister-Buchenwald

Frauenschuh-Orchidee

Blüte des Aronstabs

Der Bärlauch bildet in montanen Kalkbuchenwäldern Massenbestände aus

Seit einigen Jahren werden die Quellen der Rhön systematisch durch den Landesverband für Höhlen- und Karstforschung Hessen erfasst und untersucht. Inzwischen sind hier über 2000 Quellen registriert, in denen etwa 1500 Tierarten nachgewiesen wurden. Bei den Quellen der Rhön handelt es sich überwiegend um ungestörte Waldquellen. Eine herausragende Bedeutung haben dabei die größeren Erlenbruch- und Quellwaldrelikte. Die gute Qualität der vielen Quellen lässt sich aufgrund verschiedener Leitarten hervorragend dokumentieren. So wurden beispielsweise zahlreiche das Grundwasser besiedelnde Krebsarten, die endemisch nur in Rhön und Vogelsberg vorkommende Rhön-Quellschnecke und der als Eiszeitrelikt geltende Alpenstrudelwurm nachgewiesen. Das vorgefundene Artenspektrum spricht für ein weitgehend intaktes Ökosystem im Grundwasserkörper und in den unbeeinflussten Quellregionen des Biosphärenreservats Rhön.

Im Rhöner Urwald: Naturwaldreservat Lösershag bei Oberbach (o. l.), Oberbacher Buche (o. r.) und der Beilstein im Truppenübungsplatz Wildflecken (u.)

Charakteristische Waldschmetterlingsarten der Rhön

Laubfalter

Schwarzer Apollo

Großer Schillerfalter

Ulmenzipfelfalter

Im Rhöner Wald leben Wurzelzwerge, gibt es Hexenbesen und existieren vor allem im Herbst sagenhafte Nebelgestalten

Pilze zersetzen Totholz und organisches Material in der Laubstreu. Sie bestehen aus Wurzelgeflechten im Boden, die für die Ernährung und das Wachstum sorgen, und aus Fruchtkörpern, aus Stiel und Hut, die wir gemeinhin als „Pilz“ bezeichnen.

Anfang der 80er-Jahre kehrte der Uhu über Nordhessen und Südthüringen in die Rhön zurück, die er mittlerweile flächig besiedelt hat. Seine Horste legt er in geschützten Felsnischen in Steinbrüchen, in Greifvogel- oder Krähenhorsten auf Bäumen, auf dem Waldboden oder sogar in felsigen Kalkmagerrasen an.

Waldohreule

Eulen und Käuze bauen keine eigenen Nester. Wald- und Raufußkauz sind auf Schwarzspechthöhlen, der Sperlingskauz auf Buntspechthöhlen und die Waldohreule auf verlassene Krähennester als Brutplatz angewiesen. Sie sind mit ihrem feinen Gehör, ihren scharfen, für die Dämmerung ausgestatteten Augen und ihrem geräuschlosen Flug als Mäusejäger bestens angepasst. Der Waldkauz ist nach dem Uhu der größte heimische Nachtgreif. Vor allem Sperlings- und Raufußkauz benötigen große zusammenhängende, baumhöhlenreiche Wälder mit guten Kleinsäugervorkommen.

Sperlingskauz

Brütendes Sperlingskauzweibchen

Waldkauz

Junge Raufußkäuze

Raufußkauz

Der Rotmilan, auch Gabelweihe genannt, ist ein reiner Europäer. Die Rhön liegt im Zentrum seines deutschen Vorkommens. In der durch Feldgehölze, Felder und Wiesen strukturierten, hügeligen Rhönlandschaft fühlt er sich besonders wohl. Hier findet er ausreichend Nahrung und Brutmöglichkeiten. Im langsam gaukelnden Flug sucht er nach Mäusen oder Aas. Am Boden ernährt er sich gerne von Regenwürmern oder Insekten. Im Oktober/November sowie im Februar/März ziehen große Scharen der majestätischen Greife durch die Rhön, wenn sie sich auf dem Weg in ihre Überwinterungsgebiete im südwestlichen Europa oder auf ihrem Heimflug ins Brutgebiet befinden.

Mäusebussarde (oben) kommen in verschiedenen Farbvarianten nebeneinander vor. Sie sind in der Rhön häufig zu beobachten, wenn sie – in der Luft kreisend – nach ihrer Hauptbeute, den Wühlmäusen, Ausschau halten. Der Wespenbussard (Mitte) siedelt gerne an den trockenen Buntsandsteinhängen, die die Flusstäler begleiten. Der Habicht (unten rechts) ist ein Lauerjäger, der seine Beute aus der Deckung heraus beobachtet und angreift. Während er vor allem größeren Vögeln wie Tauben und Eichelhähern nachstellt, jagt der ihm farblich ähnliche, aber deutlich kleinere Sperber (unten links) vor allem Singvögel.

In den als Kernzonen ausgewiesenen „Urwäldern von morgen“ erforscht man in der Rhön die Artenvielfalt. Unter den Insekten ist der Hirschkäfer eine besonders geschützte Art. Er kommt in der Rhön noch an einigen Stellen in warmen, durch Eichen geprägten Wäldern, an Waldrändern und in Feldgehölzen vor.

Dachse vor ihrem Bau

Von den Marderartigen kommen Dachs, Iltis, Baum- und Steinmarder sowie Hermelin und Mauswiesel in der Rhön vor. Der Dachs lebt gesellig bevorzugt in Laubmischwäldern, wo er Erdhöhlen anlegt. Während der Baummarder ein scheuer Bewohner älterer Wälder ist, lebt der Steinmarder außer im Wald auch in der Kulturlandschaft und selbst in unmittelbarer Nachbarschaft des Menschen. Als Hühnerdieb und „Automarder" hat er einen schlechten Ruf erworben. Als Anpassungskünstler hat sich neben ihm auch der in den 30er-Jahren aus Nordamerika eingebürgerte Waschbär erwiesen, der seine ökologische Rolle im Gefüge der heimischen Arten gefunden hat. Waschbär und Marder suchen in Baumhöhlen Schutz und einen Platz für ihre Kinderstube. Das Eichhörnchen baut sich dafür einen eigenen „Kobel" im Wipfel hoher Bäume.

Waschbär

Baummarder

Steinmarder

Eichhörnchen

DIE RHÖN – WICHTIGER TRITTSTEIN FÜR WANDERNDE WILDTIER- UND VOGELARTEN

Die Rhön ist trotz ihrer Waldarmut ein wildreiches Gebiet. Rehe und Wildschweine sind in wechselnder Dichte flächendeckend verbreitet. Aus den drei großen Rotwildgebieten Gieseler Forst, bayerische Rhön und thüringische Rhön mit dem Pleßgebiet wandern immer wieder Hirsche in die benachbarten Gebiete ab und begründen neue Vorkommen. Die Wildkatze wanderte aus Nordhessen bzw. aus dem Spessart wieder ein, war aber im eigentlichen Rhöngebiet nie ausgestorben. Ihr und dem Luchs kommen vor allem die unzugänglichen Wälder mit Blockhalden und hohlen Bäumen zugute. Da die Rhön mitten in Deutschland liegt, hat sie als Brückenkopf für wandernde Säuger eine wichtige Bedeutung.

Raufußkauz, Sperlingskauz, Schwarzspecht und Kolkrabe sind Charakterarten der großen zusammenhängenden Waldgebiete. Der Uhu kehrte Anfang der 80er-Jahre zurück und fand in den vielen Steinbrüchen Nistgelegenheiten. Der Wanderfalke erscheint erst seit den letzten Jahren wieder verstärkt und nimmt dankbar Nisthilfen auf Hochspannungsleitungen oder hohen Gebäuden an.

Die insektenreichen Wiesen werden von Tausenden Schwalben auf ihrem Zug nach Afrika aufgesucht. Im Herbst ziehen Korn-, Rohr- und Wiesenweihen, Sumpfohreulen und zahlreiche Wiesenbrüter über die Freiflächen. Die Milane der Rhön und Ostdeutschlands machen ebenfalls in der Rhön Station. Der westlich ziehende Teil der Kraniche überquert in der zweiten Oktober- und ersten Novemberhälfte die Rhön. Brutvögel aus Nordeuropa beziehen oft den ganzen Winter über hier ihr Quartier. Dazu gehören Tannenhäher, Seidenschwanz, Bergfink, Schneeammer, Raufußbussard, Kornweihe, Merlinfalke und Zwergschnepfe.

Die heimlich lebende Wildkatze wird wieder öfter in der Rhön nachgewiesen. Sie gilt als Leitart für ein Lebensraumverbundsystem für weit wandernde Säugetierarten. Ihre Rhöner Vorkommen sind demnach wichtige Bestandteile einer großräumig zusammenhängenden Population.

Buntspecht

Grünspecht

Kleinspecht

Mittelspecht

In der Rhön kommen sechs Spechtarten vor. Sie zimmern sich ihre Brut- und Schlafhöhlen oftmals in bereits morsche Stämme verschiedener Baumarten. Sie ernähren sich von Insekten und deren Larven, die sie geschickt entweder mit ihrem spitzen Schnabel oder mithilfe ihrer klebrigen Zunge aus der Rinde oder dem Holz der Bäume herausholen. Im Frühjahr gehören Baumsäfte, im Sommer häufig Ameisen und im Herbst Früchte auf ihren Speiseplan.

Leerstehende Spechthöhlen werden je nach Größe von Eulen, Käuzen, Dohlen, Hohltauben, Fledermäusen, Mardern, Siebenschläfern, Mäusen, Hornissen und anderen Insekten bewohnt. Vor allem der Schwarzspecht benötigt große, zusammenhängende Wälder mit älteren Bäumen, damit er existieren kann.

Schwarzspecht

Hohltaube

Eichelhäher

Die Hohltaube sucht bereits im März ihre Bruthöhle im Buchenaltholz auf. Sie ist dabei genau wie die Dohle auf geräumige Schwarzspechthöhlen angewiesen. Der farbenfroh gezeichnete Eichelhäher ernährt sich von Früchten und Samen, Insekten, Weichtieren sowie von den Eiern und der Brut von Singvögeln. Der Tannenhäher hat sich mit den Fichtenaufforstungen in der Rhön als Brutvogel etabliert. Der Kolkrabe war in der Rhön ausgerottet. Mittlerweile hat er sich ehemaliges Terrain zurückerobert. Alle Rabenvögel sind sehr intelligente, soziale Tiere, die in der Natur wichtige Aufgaben wie z. B. die der Gesundheitspolizei oder der Verbreitung von Samen haben.

Dohle

Kolkrabe

Tannenhäher

Der Rothirsch lebt in den ausgedehnten Wäldern der Rhön. Die Kälber werden im Mai/Juni geboren. Im September/Oktober hat er Paarungszeit, die von weit hörbaren Rufen, dem Röhren der Hirsche, begleitet wird. Die Rhöner Vorkommen stehen mit denen des Vogelsberges, des Spessarts sowie des Thüringer Waldes über alte Fernwechsel in Verbindung. Ein Austausch von Tieren zwischen den einzelnen Populationen wird durch den zunehmenden Ausbau der Verkehrsinfrastruktur immer schwieriger.

Ungestörte und nahrungsreiche Still- und Fließgewässer benötigt der Schwarzstorch in seinem Revier. Breitkronige Buchen, die seinen umfangreichen Horst tragen können, findet der Schwarzstorch in Wirtschaftswäldern oft vergeblich. Damit er nicht auf instabilen, sturmwurfanfälligen Ästen bauen muss, helfen ihm Naturschützer durch die Anlage von künstlichen Horstplattformen in ungestörten Waldbeständen. Er ernährt sich und seine bis zu vier Jungen mit Fischen, Amphibien, Kleinsäugern und Insekten.

Die Rhöner Buchenwälder sind aufgrund ihrer häufig kleinräumig wechselnden geologischen und hydrologischen Bodenverhältnisse sehr artenreich und ein wichtiger Bestandteil des europäischen Naturerbes. In den Kernzonen des Biosphärenreservats können sie sich ohne Eingriffe des Menschen zu zukünftigen Urwäldern entwickeln.

Rehbock

Rotfuchs

Luchs

Wildschwein

Bei gefrorenem Boden, hoher Schneelage und fehlender Baummast fällt es dem Wildschwein schwer, Nahrung zu finden. Das Reh stellt im Winter seine Ernährung auf Knospen und zellulosereiche Kost um oder zehrt von den im Herbst gespeicherten Fettreserven. Durch eine reduzierte Bewegungsaktivität spart es zusätzlich Energie ein.

Beim Fuchs fällt die Paarungszeit in die Wintermonate Dezember/Januar. Sein schauriges Bellen ist jetzt in klaren Nächten weit zu hören.

Seit 2008 ziehen immer wieder einzelne Luchse ihre Fährte durch die Rhön. Für sie stellen Rehe eine besonders attraktive Beute dar.

DIE VULKANISCHE PRÄGUNG DER RHÖN

Das heutige Landschaftsbild der Rhön wird durch unterschiedliche vulkanische Gesteine geprägt, die in mehreren Etappen vor 25 bis 14 Millionen Jahren entstanden.

Die relativ dünnflüssigen, basaltischen Schmelzen wurden aus dem Erdmantel aus einer Tiefe von 80 bis 150 Kilometern gefördert. Wenn sie ohne Zwischenstopp bis zur Erdoberfläche aufstiegen, brachten sie häufig noch Bruchstücke vom Erdmantel (Olivin) mit. Hatten die Schmelzen beim Aufstieg dagegen einen Aufenthalt in einer Magmakammer oder reagierten sie mit dem umgebenden Gestein, veränderten sie ihre Zusammensetzung. Sie bilden die für die Rhön typischen Schlackenkegel oder Deckenergüsse, die auf der Hohen und Langen Rhön eine Mächtigkeit von mehreren Hundert Metern erreichen.

Bei Kontakt der Schmelze mit Grundwasser kam es zu Wasserdampfexplosionen, die zu Sprengtrichtern führten. Der Schlot des Fliegerdenkmals auf der Wasserkuppe ist dafür ein Beispiel. Basaltische Schmelzen neigen beim Erstarren zur Säulenbildung. Das betrifft nicht nur Lavaergüsse wie z. B. am Schafstein, sondern auch Gänge und Schlotfüllungen wie z. B. am Gangolfsberg bei Oberelsbach.

Wenn bei ihrem Aufenthalt in einer Magmakammer an der Untergrenze der Erdkruste die heiße Lava Erdkrustengestein aufschmolz, kühlte sie sich ab, wurde zähflüssig und veränderte ihre Zusammensetzung. Dann handelt es sich um trachytische Schmelzen, die in der Rhön am häufigsten in Form einer Quellkuppe unter mehrere Hundert Meter mächtigen Buntsandsteinschichten im Schlot stecken blieben. Sie sind aber auch als Felsnadel oder als zäher Brei aus dem Schlot herausgeflossen und bildeten eine Staukuppe wie z. B. den Pferdskopf. Sie stiegen aber auch als explosive, gasreiche Magmen aus einigen Schloten der Rhön bis in große Höhen der Atmospäre. Die abgekühlte Lava kam dann als Glutwolke herunter und füllte als Aschenstrom Täler wie z. B. bei Schackau auf.

Nach Ende der vulkanischen Tätigkeit sorgen Wind, Niederschläge, Temperaturunterschiede und mechanische Kräfte für die Abtragung der Rhönberge, deren Hänge mit Verwitterungsschutt in Form von groben Blöcken oder Basaltsäulen zum Teil viele Meter dick bedeckt sind. Die Erosion beschleunigte sich durch Hebungsvorgänge, die zum Ende des Tertiärs einsetzten und sich besonders während des Eiszeitalters (Pleistozän) noch einmal verstärkten. Die ehemals geschlossene Überdeckung der Rhön mit vulkanischen Ablagerungen wurde dadurch bis auf die basaltischen Decken mit der größten Mächtigkeit, die heute die höchsten Erhebungen in der Rhön bilden, beseitigt. In der Kuppenrhön finden sich nur noch die Wurzelbereiche der vulkanischen Schlote. Heute stehen die 200 Millionen Jahre älteren Schichten des Buntsandsteins und Muschelkalks aus dem Erdmittelalter an der Oberfläche an.

Die Abtsrodaer Kuppe mit Blick auf die Milseburg

Blick über die Abtsrodaer Kuppe in die hessische Vorder- und Kuppenrhön

Am Pferdskopf

Am Pferdskopf

Otterstein

Steinernes Haus bei Ginolfs

Rückberg

Otterstein

rechte Seite
oben: Der Lindenstumpf liegt nördlich von Schondra in der Südrhön. Der mittlerweile aufgelassene Steinbruch wurde 1968 zur Gewinnung von Basaltschotter für den Bau der Rhönautobahn angelegt. Im Schlot liegt der Basalt säulenförmig in Meilerstellung.
unten: Rhöner Säulenbasalt diente unter anderem als Baumaterial für Häuser sowie zum Küstenschutz an der Nordsee. Der Säulenbasaltaufschluss am Gangolfsberg bei Oberelsbach ist besonders eindrucksvoll.

Die Steinwand, eine markante, 25 Meter hohe, zerklüftete Felswand aus Phonolith in der hessischen Vorder- und Kuppenrhön

Auf dem Bremerkopf im Haderwald im Truppenübungsplatz Wildflecken stehen mit die größten bekannten Basaltsäulen der Rhön.

Der Nordische Streifenfarn gilt als Relikt aus der Tundraklimaphase der Rhön nach Ende der letzten Eiszeit. Er wächst in Gesteinsspalten an besonders kühlen Standorten und kommt in Deutschland nur sehr zerstreut in höheren Mittelgebirgen mit saurem Gestein vor. In der Rhön ist er in einigen Basaltaufschlüssen zu finden.

Der Schafstein

Bei der Abkühlung der Basaltlava des Schafsteins bildeten sich Basaltsäulen, die durch Verwitterungsprozesse in Basaltblöcke zerfielen. In den steilen Hangbereichen wurde das abgebrochene Gesteinsmaterial weit hangabwärts verfrachtet und entlang der dabei im Laufe der Zeit zurückgelegten Wegstrecke immer weiter zerkleinert. Das so entstandene, quellfähige, wasserdurchtränkte Feinmaterial im Innern der Blockhalde ist für die Bewegung der Gesteinsblöcke, für die Wasserspeicherfähigkeit und für den Wasseraustritt am Fuß des Hanges verantwortlich. Große Zwischenräume zwischen den Gesteinsblöcken in der bis zu 40 Meter tiefen, nordseitig exponierten Basaltblockhalde des Schafsteins

begünstigten eine Eiseinlagerung. Durch das Abschmelzen der unter den Blöcken liegenden, ungleich starken Eisschichten entstanden Transversalwälle und sesselförmige Mulden auf der insgesamt zungenförmigen Blockhalde.

Der Schafstein weist sommerliche Kaltluftaustritte am Fuß und winterliche Warmluftaustritte am Kopf der Blockhalde auf. Das insgesamt kühle Mikroklima, das mit dem Klima in alpinen Regionen in 2000–3000 Meter Höhe oder mit dem Nordskandinaviens vergleichbar ist, lässt die eingelagerten Eismassen den Sommer überdauern. Hier siedeln seltene Flechten, Bärlappe und Moose, die als Relikte aus der nacheiszeitlichen Flora in solchen Kälteinseln zurückgeblieben sind. Als Beispiel aus der Tierwelt ist hier die Alpenspitzmaus zu nennen. Die Blockhalde am Schafstein ist waldfrei. Auf den Flächen mit anstehendem Gestein haben sich innerhalb der Steinhalde kleine Vegetationsinseln gebildet.

DIE RHÖN – EINE MITTELGEBIRGSLANDSCHAFT

Durch Gesteinsablagerungen, vulkanische Tätigkeiten, Gesteinsverwitterung und Erosion in den aufeinander folgenden Epochen der Erdgeschichte hat sich das heutige Landschaftsbild der Rhön geformt. Die Rhön gliedert sich in eine östliche und westliche Vorder- und Kuppenrhön, die durch die Hohe Rhön getrennt ist. Die höchste Erhebung der Kuppenrhön ist die Milseburg (835 m) in der hessischen Rhön. Die Hohe Rhön ist unterteilt in die Dammersfeldrhön, die Wasserkuppenrhön und die Lange Rhön. Zwischen beiden letzteren liegt in einem Geländesattel das Rote Moor. Die Südrhön erstreckt sich vom Brendtal mit Himmeldunkberg und Arnsberg hinüber bis zum Kreuzberg. Die Schwarzen Berge leiten zu den Ausläufern des Spessarts über. Sieben Rhönberge erreichen die Höhenmarke von 900 Metern: Wasserkuppe (950 m), Kreuzberg (928 m), Heidelstein (926 m), Dammersfeld (925 m), Eierhauck (910 m), Abtsrodaer Kuppe (905 m) und Stirnberg (902 m).
Die so genannte Plattenrhön erstreckt sich auf beiden Seiten des Feldatals vom Ulstertal über Weidberg, Engelsberg, Dadenberg mit den Orten Kleinfischbach und Theobaldshof bis hinüber zum Roßberg und zur Sachsenburg. Sie bildet den Übergang der Hohen Rhön in die thüringische Vorder- und Kuppenrhön. Hier liegen noch Keuperdecken und es findet sich Braunkohle, die z. B. bei Kaltennordheim abgebaut wurde.
Der Begriff Plattenrhön charakterisiert den Höhenrücken, der auf einem Höhenniveau von ca. 600 bis 700 Metern über NN die Hohe Rhön nach Norden fortsetzt und keine markanten Kuppen aufweist. Interessanterweise gibt es auf diesem vom Tal der Felda geteilten Plateau zwei Roßberge, einen links und einen rechts der Felda. Der Ellenbogen wird noch der Hohen Rhön zugeordnet.
Große Teile des Gesteinssockels der Rhönberge bilden die Gesteine des Erdmittelalters, Buntsandstein und Muschelkalk. Der Muschelkalk ist vor allem dort erhalten geblieben, wo ihn darüberliegende Basaltdecken vor der Abtragung bewahrt haben. Der harte Untere Muschelkalk bildet oft steile Hänge aus, die als Schafweide genutzt werden. Die weicheren Schichten des Oberen Muschelkalks eignen sich dagegen als Ackerflächen, die einen hohen Gesteinsscherbenanteil aufweisen. Die größten zusammenhängenden Kalkberge der Rhön liegen im thüringischen Teil. Bis an die Südostflanke der Langen Rhön reichen die Ausläufer der fränkischen Muschelkalkplatte. In der hessischen Rhön sind viele kleine Kalksockel erhalten geblieben.
Die oft kleinräumig wechselnde Geologie der Rhönberge bildet die Voraussetzung für eine artenreiche Flora und Fauna, zu der viele seltene Arten gehören. Von den kahlen Höhen der Rhönberge ergeben sich in allen Jahreszeiten stimmungsvolle Ausblicke in das Land der offenen Fernen.

Am Simmelsberg

Blick vom Himmeldunkberg zum Schachen und Mittelberg

Auf dem Mathesberg bei Wüstensachsen

Blick über die Ebersburg zur Wasserkuppe

Das Plateau der Wasserkuppe

Der Nordhang der Wasserkuppe

Blick aus den Schwarzen Bergen auf Schildeck, Mettermich und Dreistelz (von links)

Blick aus dem oberen Sinngrund auf Dammersfeld, Rückberg und Eierhauck (von links)

Weidenröschenblüte am Dammersfeld

rechts:
Die Abtsrodaer Kuppe, Nordhang

Blick vom Steinküppel auf das Dammersfeld

Blick vom Steinkopf in das Ulstertal

Auf der Großen Nalle

Blick vom Beilstein auf Milseburg und Wasserkuppe

Blick vom Steinküppel auf das Dammersfeld

Der Steinküppel, unten mit Blick auf den Großen Auersberg

Die Elsgellen bei Gewitterstimmung

Hexenbuche auf dem Himmeldunkberg

Abendstimmung auf der Wasserkuppe mit Blick nach Westen

Reifstimmung auf der Wasserkuppe

Blick von der Wasserkuppe nach Westen

Blick vom Kreuzberg auf Arnsberg und Himmeldunkberg

Blick vom Steinküppel auf
Reppach und Dammersfeld

Winterstimmung am Pferdskopf (oben) und an der Abtsrodaer Kuppe (unten)

Der Kreuzberg

Die Steinwälle auf dem Gipfel lassen sich als erste Siedlungsspuren auf dem Kreuzberg in die Hallstattzeit um 500 v. Chr. datieren. Im Jahr 686 n. Chr. errichtete der iroschottische Mönch und Frankenapostel Kilian auf dem Gipfel des damals als Aschberg bezeichneten Berges das Kreuz, wohin seit ihrer Christianisierung die Franken pilgern. Ende des 17. Jahrhunderts entstand das von Franziskanern betreute Kloster, zu dem 1710 der Kreuzweg und die drei Kreuze auf dem Gipfel dazukamen. Die Tradition der Wallfahrten lebt bis heute ungebrochen fort.

Blick von der Wasserkuppe auf die Milseburg (oben und rechts)

Auf dem Gipfel der Milseburg mit Kapelle (1932) und Kreuzigungsgruppe (1756)

LAND DER 1000 BÄCHE

Die Rhön ist mit Fließgewässern reich gesegnet. In der hessischen Rhön haben Fulda und Ulster, in der bayerischen Rhön Brend, Streu und Sinn sowie in der thüringischen Rhön Felda, Herpf und Öchse zahlreiche Nebenflüsse und dadurch besonders große Quelleinzugsbereiche. Während die Bäche der hessischen und thüringischen Rhön über Ulster und Fulda über die Werra in die Nordsee entwässern, sammelt die Fränkische Saale das Wasser vieler bayerischer Rhönbäche und leitet es dem Main zu. Die Berge des Hochrhönkamms wirken als Wasserscheide.

Nach einer langen Passage durch die unterschiedlichen Gesteinsschichten der Rhön wird das Niederschlagswasser gereinigt und reichert sich mit Mineralstoffen an, so dass es als Mineralbrunnen genutzt werden kann. Aus den Grundwasserspeichern tritt es als Sturzquelle, die mit Gefälle aus einem Abhang tritt, oder als flächige Sickerquelle im Wald sowie auf Wiesen an die Oberfläche. In der Rhön sind viele Quellen noch naturbelassen. Naturnahe, sauerstoffreiche Bäche sind voller Lebewesen, die sich an das ganzjährig kalte Wasser und die starke Strömung angepasst haben. Die heimische Bachforelle und der Edelkrebs werden mit Erfolg wieder in einigen Bächen angesiedelt, wo sie zuvor durch amerikanische Regenbogenforellen und Krebsarten verdrängt worden waren. Rhöner Bachforellen landen als Premiumprodukt auf den Tellern der heimischen Gastronomie. Das Biosphärenreservat kann man schmecken!

Eisgraben

Am Nixenteich

Märzenbecher

Sumpfdotterblume

Frühlingsschlüsselblume

Weinbergschnecke

Eisvogel

Wasseramsel

Flussregenpfeifer

Im Jahr 1987 begann die sorgfältig vorbereitete Biberansiedlung im hessischen Spessart. Die Gründerpopulation von insgesamt 18 Tieren vermehrte sich in den Folgejahren stark, so dass mittlerweile zahlreiche Fließgewässer (Sinn, Saale und Kinzig) in den bayerischen Rhönlandkreisen bis in den Main bei Würzburg und Aschaffenburg besiedelt sind. Auch die Unterläufe der Flußsssysteme in der hessischen Rhön (z.B. Fulda, Haune) sind mittlerweile schon sehr weit mit Bibern besiedelt.

Der Graureiher nistet in Kolonien auf Bäumen. Neben Fischen gehören Frösche, Mäuse und Insekten auf seinen Speiseplan.

Der Fischadler macht auf seinem Zug regelmäßig an Rhöner Stillgewässern Rast. Nachdem er beim Kreisen in der Luft seine Fischbeute erspäht hat, stürzt er zielsicher herab, um sie zu schlagen.

Bachforelle

Mühlkoppe

Der Schwarzmilan kommt oft zusammen mit dem Rotmilan vor und wird in der Rhön als Brutvogel immer häufiger. Er ist Aasfresser und jagt gerne an Gewässern. In sauberen Fließgewässern kommen Bachforelle und Mühlkoppe vor.

Eisgraben

Wintereinbruch am Nixenteich/Thüringer Hütte

Am Eisgraben-Wasserfall

Am Tintenfass bei Oberbach

Der Silbersee

DIE RHÖNMOORE – PERLEN IN DER LANDSCHAFT

Die Moore der Rhön sind überwiegend in den Hochlagen mit niedriger Jahresdurchschnittstemperatur, wasserundurchlässiger Tonschicht und hohen Niederschlägen entstanden. Durch niedrige Temperaturen und geringen Nährstoff- und Sauerstoffgehalt in den dauerhaft vernässten Flächen gelang es Mikroorganismen kaum, organisches Material zu zersetzen. Dadurch bauten sich bis zu acht Meter mächtige Torfschichten aus Wollgras und Torfmoosen, einzelnen Bäumen und Zwergsträuchern auf. Das Rote Moor ist in einer Hangmulde zwischen Heidelstein und Mostberg entstanden, das Schwarze Moor hat sich auf dem Querenberg auf einer flachen Hangsenke gebildet. Die ersten zwei- bis dreitausend Jahre gediehen auf den mit nährstoffreichem Grund- oder Oberflächenwasser durchtränkten Flächen Seggen, Binsen, Wollgräser und verschiedene Kräuter wie Fieberklee oder Orchideen. Mit zunehmender Wuchshöhe und damit Abkoppelung von der Wasserversorgung bekamen vor allem Torfmoose die Oberhand, die sich noch von den spärlichen Nährstoffen des Regenwassers ernähren können.
In den Rhönmooren gibt es im Wesentlichen acht verschiedene Torfmoosarten, die lange Zeit die Hochmoorflächen dominierten. Sie wachsen wurzellos nur wenige Zentimeter im Jahr, von denen etwa 1–2 Millimeter vertorfen. Durch ihre einzigartige Fähigkeit, selbst im abgestorbenen Zustand Wasser zu speichern, bestehen Moore zu 98 Prozent aus Wasser. Für die Entstehung von einem Meter Torf bedarf es des Wachstums von Torfmoosen über einen Zeitraum von 1000 Jahren. Wassergefüllte „Schlenken" und etwas trockenere, kissenartig gewölbte „Bulte" strukturieren die Oberfläche der Hochmoore, die sich im Laufe der Zeit uhrglasförmig emporwölben.
Mittlerweile wird die Oberfläche der Rhöner Hochmoore vor allem durch Zwergsträucher geprägt. Dazu gehören Moos-, Preisel-, Heidel-, Krähen- und Rauschbeere, Glocken-, Rosmarin- und Besenheide. Anfang August ist das Moor eine besondere Augenweide, wenn die Besenheide violett blüht. Im September färben die Blätter von Rausch- und Heidelbeere den „indian summer" in der Rhön feuerrot. Der rundblättrige Sonnentau und die rosa blühende Moosbeere werden immer seltener. Sie benötigen offene Torfmoospolster, die aufgrund der vielen trockenen Jahre mittlerweile stark von konkurrenzstärkeren Zwergstraucharten überwachsen werden. Der Rundblättrige Sonnentau versucht, über den Stickstoff aus dem Eiweiß von Insekten seine Nährstoffbilanz zu verbessern. Er scheidet an Blatttentakeln ein Sekret aus, das Duftstoffe enthält und dadurch Fliegen anlockt. Klebstoffe halten das Insekt zunächst fest, bis sich das Blatt schließt und Enzyme die Beute auflösen.
Im Übergangsbereich zwischen Hoch- und Niedermoor sowie als typische Waldgesellschaft der Quellmulden haben sich auf der Hochrhön zum Teil großflächig Moorbirkenwälder ausgebildet. In ihrer Krautschicht dominieren je nach Feuchtigkeit und Mineralstoffgehalt des Bodenwassers entweder Torfmoose, Wollgräser, Schachtelhalme oder Zwergsträucher. Auf den ehemaligen Hochmoorflächen des Roten Moores hat sich nach der Abtorfung großflächig Moorbirkenwald ausgebreitet. Gerade die alten, mit Pilzwucherungen am Stamm und in den Zweigen („Hexenbesen") sowie mit Flechten bewachsenen Moorbirken zeigen oft bizarren Krüppelwuchs.
Das Rote und das Schwarze Moor sind durch Bohlenwege und Aussichtstürme erschlossen. Das Kleine und das Große Moor, das Moorlein auf dem Höhenzug der Langen Rhön sowie die beiden Moore auf dem Stirnberg sind nicht durch Wanderwege erschlossen.
Neben den sauren Hochmooren haben sich in der Rhön auch basische Kalkniedermoore entwickelt, die meist sehr kleinflächig und in der Landschaft weit verteilt sind. Es handelt sich dabei um Hangquellmoore, bei denen sich Wasser aus durchlässigen Kalkschichten an Buntsandsteinschichten staut und an der Oberfläche austritt.
Einige Tierarten sind auf Moore angewiesen. Die Raupen des Hochmoor-Scheckenfalters leben an der Moosbeere, die des Hochmoor-

Das Schwarze Moor

gelblings an der Rauschbeere. Beide Pflanzen wachsen nur auf Torfböden. Unter den 18 Libellenarten des Roten Moores gibt es wenige Moorspezialisten, die saure Gewässer für ihre teilweise bis zu vier Jahre lange Entwicklungszeit bevorzugen. Dazu gehört die Arktische Smaragdlibelle. Die Alpenspitzmaus lebt im Niedermoor und im Moorbirkenwald. Charaktervögel des Birkenwaldes sind Fitislaubsänger und Weidenmeise, auf der Hochmoorfläche sind es Baumpieper und das selten gewordene Birkhuhn. Zur Beerenreife ziehen große Drosselschwärme über die Moorheiden, Watvögel, Sumpfohreule und Weihen rasten hier. Bergeidechsen sonnen sich gerne auf dem Bohlenweg. Im künstlich aufgestauten See am Roten Moor entwickeln sich Erdkröte, Grasfrosch und Bergmolch.

Aussichtsturm und Bohlenweg im Schwarzen Moor

Der Karpatenbirkenwald gehört seit dem Eiszeitalter zum Erscheinungsbild der Rhön. Heute treten Karpatenbirkenwälder in der Rhön überwiegend in Quellsümpfen und in Übergangsmooren auf.

Im Schwarzen Moor tritt das Scheidige Wollgras bestandtsbildend im Niedermoor auf. An den Rändern der Mooraugen ist das Schmalblättrige Wollgras an der Verlandung beteiligt.

Vierfleck-Libelle

Torf-Mosaikjungfer

Hochmoorgelbling

Gemeine Heidelibelle

Hochmoorbläuling

Hochmoor-Perlmutterfalter

Feuersalamander

Rundblättriger Sonnentau

Rauschbeere in der Blüte

Rauschbeere (blau) und Moosbeere (rot)

Krähenbeere

Preiselbeere

Heidelbeere

Moosbeere

Fieberklee

Moorpilz

Kriechendes Weidenröschen

Rentierflechte

Sumpfblutauge

Rosmarinheide

Das Kleine Moor (links) und das Große Moor (rechts) auf der Langen Rhön

Waldschnepfe

Bekassine

Sumpfohreule

Sumpfmeise

Alpenspitzmaus

Kreuzotter

Der Stausee am Rande des Roten Moores diente der Wasserstandsregulierung des Hochmoorkörpers während des Torfabbaus. Heute ist er ein Refugium für Libellen, Wasserkäfer, Kröten und Frösche. Zwergtaucher (links), Krick- und Stockente (oben) brüten hier, der Rothalstaucher (rechts) nutzt den See zur Rast.

Der Aussichtsturm im Roten Moor

Das kleine Rote Moor mit Moorsee

Das Stedlinger Moor in der thüringischen Rhön entstand vermutlich im späten Eiszeitalter durch Auslaugung des unterlagernden Zechsteins. Die dadurch hervorgerufene Hohlform füllte sich im Laufe der Jahrtausende mit Sedimenten und Torfen. Das Zentrum des Moores besteht heute aus nährstoffarmen Torfmoos-Wollgras-Gesellschaften und einem kleinen Schwingrasen. Es hat eine Torfmächtigkeit von über 30 Metern, eine Größe von 3,4 Hektar und liegt auf 430 Metern Meereshöhe.

KULTURLANDSCHAFT RHÖN

Erst im ersten Jahrtausend v. Chr. kommt es in der Rhön zu den ersten dichteren, noch punkthaften Siedlungen. Vor allem die Kelten besiedelten in der so genannten Latènezeit relativ dicht das Umfeld der Hochrhön. Sie hielten Vieh in Form von Waldweide und nutzten exponierte Kuppen zur Errichtung von Fliehburgen oder befestigten Wohnanlagen, z. B. an der Milseburg. Das Vordringen germanischer Stämme beschleunigte den Niedergang der Kelten gegen 50 v. Chr. In der Völkerwanderungszeit war die Rhön Grenzland zwischen den germanischen Stämmen der Thüringer, Franken und Chatten. Das Fuldaer Becken und der Grabfeldgau wurden zunächst punktuell in Form von fränkisch-merowingischen Stützpunkten besiedelt (Fulda, Bad Königshofen, Salz bei Bad Neustadt). Das unmittelbare Rhönvorland wurde von der fränkischen Kolonisation erst im 8. Jahrhundert erfasst und in das Fränkische Reich eingegliedert.

Das Hochmittelalter war gekennzeichnet durch einen hohen Bevölkerungsüberschuss, der neue Gebietskolonisationen mit sich brachte. Ein in dieser Zeit merklicher Temperaturanstieg um ein Grad begünstigte die Besiedlung höherer Gebirgslagen. Bisher ausgesparte Räume, insbesondere die großen Waldgebiete, wurden nun planmäßig aufgesiedelt (der Salzforst südöstlich der Hochrhön, der Bramforst, heute „Praforst", nördlich von Fulda). Im Salzforst schuf man durch die Anlage von Waldhufendörfern eine breite Rodungsgasse. Nach dem Salzforst wurde das Ulstertal systematisch besiedelt. Am Ostrand des Hochrhönplateaus entstanden im Hochmittelalter 14 kleinere Siedlungen.

Die agrarwirtschaftliche Bedeutung des Waldes war bis zur Mitte des 19. Jahrhunderts für die bäuerliche Landwirtschaft erheblich. Die Bäume lieferten Bau- und Brennholz, Laub diente als Strohersatz als Einstreu für die Ställe. Im Herbst trieb man Kühe und Schweine zur Mast in die Wälder. Viel Holz wurde für die Teer-, Pech- und Gerberloheproduktion benötigt. Ab dem 15. Jahrhundert kam noch die Glasmacherei und Eisengewinnung (Köhlerei) hinzu. Seit dem Hochmittelalter wurden die Waldbestände der Hochrhön immer mehr zurückgedrängt.

Poppenhausen

Lüttertal bei Poppenhausen

Das Obere Brendtal bei Unterweißenbrunn

Die während des gesamten Hochmittelalters andauernde Siedlungserweiterung wurde durch um die Mitte des 14. Jahrhunderts einsetzende Pestepidemien wieder unterbrochen. Drastische Bevölkerungsverluste aufgrund von Seuchen und Hungersnöten lösten im Verbund mit einer parallel verlaufenden Klimaverschlechterung („Kleine Eiszeit") eine große Agrarkrise aus, die sich über 130 Jahre erstreckte und zu einer Abwanderung der Landbevölkerung führte. In der heutigen bayerischen Rhön betraf diese Entwicklung schätzungsweise 50 Prozent der im Hochmittelalter gegründeten Dörfer. Die Kälte beendete eine klimatisch milde Periode, die Mittel- und Nordeuropa zwischen 900 und 1300 n. Chr. erfasste. Mit der Abkühlung verschwand der Weinanbau in der Rhön. Die mit dem Abzug der Landbevölkerung einhergehende Verarmung des Adels förderte das Raubritterwesen. Bis zum ausgehenden 15. Jahrhundert blieb die Siedlungsgrenze bei 400 Metern über NN (vorher 600 Meter), die Hochrhön wirkte wieder stärker als Siedlungstrennlinie und die zahlreichen regionalen und überregionalen Wegeverbindungen verloren an Bedeutung.

Die geistlichen Landesherren in der Fürstabtei Fulda und im Fürstbistum Würzburg versuchten zwischen 1470 und 1600 durch planmäßig gelenkten Landesausbau, die verheerenden Folgen der Wüstungsperiode zu beseitigen. Der gesamte Zeitabschnitt war gekennzeichnet von der Stabilisierung der allgemeinen Rechtsverhältnisse und einem zunehmenden wirtschaftlichen Wohlstand.

Regional verlief dabei die Entwicklung sehr unterschiedlich: Im Gersfelder Talkessel und im Tanner Raum gelang es den dort ansässigen Rittergeschlechtern „von Ebersburg" und „von der Tann", durch eine geschickte Politik ihr Territorium zwischen denen der Klöster Würzburg und Fulda zu stabilisieren, neu zu organisieren und die höheren Lagen wieder zu besiedeln. Das Bistum Würzburg beschränkte sich im Wesentlichen auf den Ausbau seiner Dörfer am Fuße der Rhön.

Im 16. Jahrhundert kam in der Rhön verstärkt Waldgewerbe auf. Köhlereien, Glashütten und Eisenschmelzen, die ihren Rohstoff aus den basaltischen Raseneisenerzen zu gewinnen versuchten, sowie zahlreiche Pottasche-Siedereien übersäten weite Teile der Hochrhön.

Der große Bedarf an Holzkohle förderte die unkontrollierte Rodungstätigkeit. Dadurch kam es zu einem erheblichen Zugewinn an Offenland besonders im Hochrhönbereich. Nur an den steil abfallenden Hängen der Plateauflächen existierten noch zusammenhängende Waldflächen auf blockversteinten Böden.

Im Dreißigjährigen Krieg fielen 40 bis 50 Prozent der Bevölkerung Seuchen und unmittelbaren Kriegseinwirkungen zum Opfer. Die während des Krieges einsetzende Wiederbewaldung der Rhön wurde schon in der zweiten Hälfte des 17. Jahrhunderts durch neue Rodungen unterbrochen. Am Fuße des Kreuzberges entstanden mit Waldberg (1683), Langenleiten (1689) und Sandberg (1691) Straßendörfer mit giebelständigen Häusern und waldhufenähnlichen Fluren.

In der westlichen Kuppenrhön im Raum Poppenhausen-Weyhers-Gersfeld entstand auf Initiative der Fürstabtei Fulda und der Herren von Ebersberg ein weitmaschiges Netz aus Einödhöfen mit blockförmigen Fluren. Ein anhaltender Bevölkerungsanstieg in dieser Zeit löste noch weitere Rodungen zur Gewinnung zusätzlicher Heufelder auf den Hochflächen aus. Dabei entstand z. B. die etwa 300 Hektar große Freifläche am Querenberg in der Nähe des Schwarzen Moores.

Seit dem 17. Jahrhundert setzte sich allmählich die Wiesenwirtschaft in der Hochrhön durch. Der Wald wurde in Form des Mittelwaldes genutzt. Mitte des 18. Jahrhunderts verbesserte sich die Waldsituation mit der Einführung der Hochwaldwirtschaft. Dazu wurde das schnellwüchsige Nadelholz auf ausgedehnten Forstwirtschaftsflächen eingeführt. Vor allem die ab 1850 von staatlicher Seite eingeleiteten Nadelholzaufforstungen auf preußischem und thüringischem Territorium (Frankenheim, Hilders, Erbenhausen, Auersberg, Rotes Moor, Stirnberg) führten zu einer Zunahme der Waldflächen um fast 20 Prozent. Parallel dazu wurden Entsteinungen bislang unzugänglicher Hochweiden durchgeführt. Im Ulstertal entsteinte man allein zwischen 1904 und 1912 eine Fläche von 223 Hektar. Heute sind die Lesesteinwälle und Steinhaufen auf den Weideflächen noch weithin sichtbar.

In der ersten Hälfte des 19. Jahrhunderts war der Glanz des Fürstbistums Fulda erloschen. Die nachfolgenden, wechselnden Landesherrschaften, Teilungen und Neugliederungen des ehemaligen geistlichen Fürstentums einschließlich der anliegenden reichsritterschaftlichen Gebiete hatten viel Unruhe erzeugt. Während der napoleonischen Kriegszüge 1806 bis 1813 waren Krankheiten und Hungersnöte an der Tagesordnung. Die Lebensverhältnisse in der verarmten Rhön waren durch außerordentlich harte Winter geprägt; nicht selten erfroren Menschen oder starben am Hungertyphus. Anfangs konnten sich die Rhönbewohner noch mit ihrer kleinen Hausindustrie (Schuhmacher, Weber, Holzschnitzer u. a.) über Wasser halten. Schließlich konnten sie mit der aufkommenden fabrikmäßigen Warenherstellung nicht mehr

konkurrieren. Die Rhön wurde zum Notstandsgebiet, aus dem Mitte des 19. Jahrhunderts viele Menschen abwanderten. 1866 wurden Fulda und größere Gebiete der Rhön preußisch.

In der nationalsozialistischen Zeit von 1933 bis 1945 kamen vor allem auf der bayerischen Seite der Rhön umfangreiche, systematische Entwässerungen, Entsteinungen und Aufforstungen unter Leitung des Gauleiters von Mainfranken, Dr. Hellmuth, in Gang.

Mit Hilfe des Reichsarbeitsdienstes, später mit Zwangsarbeitern und Kriegsgefangenen, forstete man ertragarme Hutungen mit Fichte auf. Sich lohnende Flächen wurden großflächig entblockt und anschließend einer Beweidung oder Mahd zugeführt, ein großzügiges Straßen- und Wegenetz wurde erschlossen. Auch in der hessischen und thüringischen Rhön entwickelten die Nationalsozialisten einen Rhönplan mit ähnlichen ideologischen Zielsetzungen wie im bayerischen Teil, der zur Vergrößerung der Wirtschaftsfläche der landwirtschaftlichen Betriebe und zur Verbesserung ihrer baulichen und technischen Ausstattung führte. Bisher wenig landwirtschaftlich genutzte Gebiete wurden planmäßig erschlossen oder aufgeforstet. In den höheren Lagen förderte man die Grünlandwirtschaft durch die Anlage von großen Gemeinschaftsweiden oder durch die Einführung der Silagenutzung. Nach Kriegsausbruch mussten durch Arbeitskräftemangel viele Vorhaben des Rhönplans eingestellt werden. Um die begonnenen Arbeiten wenigstens abschließen zu können, wurden Kriegsgefangene in Lager einquartiert und z. B. im Straßen- und Bahnstreckenbau eingesetzt.

Über die Jahrhunderte entwickelte sich durch menschliche Nutzung aus den einst zusammenhängenden Buchenwäldern der Rhön eine vielgestaltige Kulturlandschaft mit kleinräumigen Fluren, Einzelhöfen und Weilern. Sie prägen heute das abwechslungsreiche, historisch gewachsene Landschaftsbild der Rhön.

1991 wurde die Rhön von der Weltkulturorganisation UNESCO als Biosphärenreservat anerkannt. Als eine von über 500 Regionen weltweit mit repräsentativen Natur- und Kulturlandschaften sollen die hier lebenden und wirtschaftenden Menschen für die Region passende und überregional beispielhafte Modelle für nachhaltige, umweltverträgliche Nutzungsweisen entwickeln und umsetzen, ohne dass sich dabei die Lebensgrundlagen für Mensch und Natur verschlechtern. Gezielte Pflegemaßnahmen erhalten die typische Kulturlandschaft mit ihren Borstgras-, Goldhafer- und Trollblumenfeuchtwiesen, Weiden, Hecken, Lesesteinwällen und einer artenreichen Tier- und Pflanzenwelt. Die geringe Leistungskraft der Böden, die Ungunst des Mittelgebirgsklimas und die großen Entfernungen zu den Ballungsräumen gilt es, als Vorteile zu nutzen.

Das Rhönschafprojekt, die Rhöner Apfelinitiative, die Erzeugergemeinschaft des Rhöner Biosphärenrinds und viele weitere Erzeuger- und Arbeitsgemeinschaften sind Beispiele für eine erfolgreiche Regionalentwicklung, die auch die Identität der Menschen stärkt. Forschung, ökologische Umweltbeobachtung und Umweltbildung leisten hierzu einen wichtigen Beitrag.

Da Rhönschafe relativ klein sind und eine kratzige Wolle haben, wurden sie in der Vergangenheit durch die größeren und dadurch mehr Fleischertrag abwerfenden Merino-Landschafrassen verdrängt. Schaffleischimporte unter anderem aus Neuseeland führten zum Ruin der Schafzucht in der Rhön. Rhönschafe sind aber besonders widerstandsfähig und genügsam, sie können die spärliche und derbe Vegetation der Borstgrasrasen und der Magerrasen der Rhön optimal verwerten. Auch sind sie in steilen und steinigen Gebieten Rindern überlegen. Mittlerweile leben wieder mehrere Tausend Tiere der sympathischen Landschaftspfleger im Gebiet der Rhön.

RHÖNER STREUOBSTWIESEN – GROSSE REGIONALE SORTENVIELFALT

Zum historisch gewachsenen Ortsbild gehören von alters her Obstbäume. Um die zahlreichen Einzelgehöfte, Weiler oder planmäßig als Hufenfluren angelegten Streuobstgewanne sind noch in einigen Teilen der Rhön landschaftsprägend Streuobstwiesen ausgebildet. Der Beruf des Gemeindebaumwartes war früher üblich. Er hatte auf die Pflanzung der für die Ernährung einer Familie richtigen Obstbäume genauso zu achten wie auf die Bekämpfung der Schädlinge, die Nutzung des Obstes und die sachgerechte Pflege der Bäume. Entlang der Flurwege und auf Allmendflächen wurden damals Obstbäume aus bestimmten Anlässen wie Kindstaufen oder Hochzeiten gepflanzt und deren Obst alljährlich zugunsten der Gemeindekasse versteigert. Heute gibt es alleine über 400 Apfelsorten in der Rhön. Im Laufe der Zeit bildeten sich einige Lokalsorten heraus. Das Rhöner Apfelbüro, die Rhöner Apfelmesse, der Rhöner Sortengarten, die Apfelkönigin und Sortenbestimmungen durch erfahrene Pomologen gehen auf die „Rhöner Apfelinitiative" zurück. Die Dachorganisation vereint Obstbauern, Naturschützer, Kelterer und Gastronomen und verzeichnete seit ihrer Gründung 1995 bemerkenswerte Erfolge: So konnten stark gefährdete Streuobstbestände gerettet und durch ein wirtschaftlich-ökologisches Konzept sogar erweitert werden. Heimische Obstsorten hat man nachgezüchtet. So wurden zum Beispiel im Bereich der abgesiedelten Dorfstellen im Truppenübungsplatz die dort vorhandenen Sorten neu veredelt und nachgepflanzt. Um den gegenwärtig stark überalterten Obstbaumbestand der Rhön zu erhalten, müssen mindestens 1000 Bäume pro Jahr nachgepflanzt werden. Hier ist für die Zukunft noch viel Arbeit, um ein wichtiges Element der Kulturlandschaft langfristig zu erhalten. Davon profitiert nicht nur der Mensch über die Produkte wie das Rhöner Apfelbier, Apfelcherry, Apfelcidre und Ökoapfelsekt. Eine große Zahl von Tier- und Pflanzenarten lebt auf extensiv genutzten Obstwiesen. Dazu gehören Gartenrotschwanz, Grünspecht, Raubwürger und eine große Zahl von bestäubenden Insekten, um nur einige zu nennen. Hier wird in idealer Weise der Schutz der Kulturlandschaft durch nachhaltige Nutzung organisiert.

DIE HOCHRHÖN

Charakteristisch für die Hochlagen im Biosphärenreservat Rhön ist die hohe Vielfalt der Landschaftsformen und Lebensräume. Zu den für den Erhalt des europäischen Naturerbes wichtigsten Lebensräumen in der Rhön gehören die Moore, Laubmischwälder auf Blockschutt, Karpatenbirkenwälder und die verschiedenen Grünlandgesellschaften. Dazu gehören je nach Nährstoffgehalt, Bodenfeuchte und Nutzungsgeschichte bunte Waldstorchschnabelwiesen, Trollblumen-Feuchtwiesen oder an seltenen Kräutern reiche Borstgrasrasen. Durch eine nach der Waldrodung im Mittelalter bis heute andauernde, traditionelle Mahd und Beweidung sind diese Flächen in der Rhön großflächig erhalten geblieben und in ihrer Artenzusammensetzung einmalig. Ihr hoher ökologischer Wert zeigt sich unter anderem in einer langen Liste bedrohter Pflanzenarten wie zum Beispiel Arnika, Katzenpfötchen oder Pechnelke.

Auf den Matten der Hochrhön und auf einzelnen Basaltkuppen vermischen sich Pflanzen der Borstgrasrasen mit Arten der Kalkmagerrasen wie zum Beispiel Thymian, Küchenschelle und Silberdistel. Dazu gesellen sich Arten der Goldhaferwiese wie Teufelskralle oder Witwenblume. An solchen Standorten werden bis zu 30 Pflanzenarten auf einem Quadratmeter gezählt. Gegenwärtig verändern die Stickstoffdüngung aus der Luft, die Ausbreitung nicht einheimischer Pflanzen wie der Lupine und der Umbruch durch Wildschweine großflächig und massiv die Wiesengesellschaften auf der Hochrhön. Die großen Wiesenplateaus sind parkartig mit Hecken und Einzelgehölzen durchsetzt. Quellsümpfe, kleine Feldgehölze und Lesesteinhaufen tragen zur Strukturvielfalt bei, die von zahlreichen seltenen Tierarten, vom Birkhuhn bis zum Steinschmätzer, genutzt wird.

Blick vom Himmeldunkberg ins Obere Brendtal

Blick vom Himmeldunkberg auf den Schachen

Elsgellen (oben) und Pletschengraben (unten) im Naturschutzgebiet Lange Rhön

Das Naturschutzgebiet Lange Rhön beherbergt die letzte Birkhuhnpopulation Bayerns außerhalb der Alpen

Baumgestalten auf der Hochrhön

Im Reupersgraben auf der Langen Rhön
Blick von der Fuldaquelle zum Dammersfeld

Trollblumen-Feuchtwiese beim Würzburger Haus

Typische Magerwiese auf der Hochrhön

Die nährstoffarmen Böden auf der Hochrhön und die späte, einschürige Mahd ohne Düngung bieten optimale Bedingungen für zahlreiche, seltene Kräuter wie die Arnika (oben), Stiefmütterchen, Augentrost, Katzenpfötchen, Maiglöckchen und Türkenbund (untere Reihe von links)

Auf dem Ilmenberg auf der Langen Rhön

Im Oberelsbacher Graben oberhalb der Thüringer Hütte, rechts: Waldstorchschnabelwiese bei der Thüringer Hütte

Wiesenpieper

Sumpfrohrsänger

Braunkehlchen

Steinschmätzer

Neuntöter

Raubwürger

Die Zahl der Wanderfalkenbrutpaare hat in Deutschland und in der Rhön wieder zugenommen. Die meisten Tiere sind Gebäude- oder Mastenbrüter, die dankbar spezielle Nisthilfen annehmen.

links: Baumfalke; oben: Turmfalke; unten: Seidenschwanz

Kleine Füchse auf Thymian

Großer Perlmutterfalter

Feuriger Perlmutterfalter

Jedes Jahr wiederkehrend überqueren Tausende Kraniche auf ihrer westlichen Zugroute auch die Rhön. Die im Volksmund „Schneegänse" genannten Vögel ziehen zur Überwinterung bis nach Südfrankreich und auf die Iberische Halbinsel. Von dort brechen sie im März wieder zum Heimflug in ihre Brutreviere in Ostdeutschland, Skandinavien und im Baltikum auf.

Hutebuchen auf der Hochrhön

Blick vom Simmelsberg auf Rengersfeld und die Nallenberge

Auf dem Gipfel des Arnsberges bei Bischofsheim

Blick von der Abtsrodaer Kuppe zur Milseburg

Auf der Langen Rhön

Auf der Wasserkuppe

Am Bauersberg bei Bischofsheim

Auf dem Eierhauck mit Blick ins Sinntal

Karpatenbirken auf der Langen Rhön

KALKMAGERRASEN – NATURSCHATZ DER RHÖN

Am Ende der Buntsandsteinzeit vor 240 Millionen Jahren wurde Mitteleuropa von einer großen flachen Senke eingenommen, in die von Süden her ein Ozean eindrang. In einem trocken-heißen Klima bildeten sich dort in den folgenden 10 Millionen Jahren vor allem Kalksteine. An deren Entstehung waren zeitweise Muscheln und andere Schalentiere maßgeblich beteiligt. Dadurch entstand der Name Muschelkalk für diesen erdgeschichtlichen Zeitabschnitt, der sich aus dem wellig geschichteten Unteren, dem fast fossilleeren Mittleren und dem fossilreichen Oberen Muschelkalk (Seelilien, Kopffüßer u. a.) zusammensetzt. Auf den kalkreichen Standorten der Rhön sind insbesondere durch extensive Beweidung mit Schafen und Ziegen Magerrasen entstanden. Viele ehemalige Kalkmagerrasen in der hessischen Rhön sind durch Nutzungsaufgabe und Aufforstung verschwunden. In der thüringischen Rhön befinden sich gegenwärtig noch die größten zusammenhängenden Kalkmagerrasen Europas. Weitere bedeutende Gebiete liegen im Vintschgau in Tirol oder in der Schwäbischen Alb. Bis an die Südostflanke der Langen Rhön reicht die fränkische Muschelkalkscholle in die bayerische Rhön hinein und hat hier wertvolle montane Magerrasen entstehen lassen. Es erfordert viel Mühe, die wenigen noch vorhandenen Reliktstandorte mit Hilfe von Beweidung im Hütebetrieb, durch Mahd und Entbuschung dauerhaft zu erhalten. Der Enzian-Schillergrasrasen ist der bekannteste und zugleich häufigste Kalkmagerrasentyp der Rhön. Auf diesem breiten sich vor allem Pflanzen aus, die durch Bitterstoffe oder Dornen für das Weidevieh wenig attraktiv sind. Dazu gehören die bitterstoffreichen Enziane und Wolfsmilcharten. Viele Kleearten wachsen auf den oft steilen, nährstoffarmen Hängen gut, da sie in der Lage sind, Stickstoff aus der Luft zu binden. Eine Vielzahl von Orchideenarten wie das Stattliche Knabenkraut, die Händelwurz oder die Fliegen-Ragwurz sind wertgebend für diesen Lebensraum. Unter den zoologischen Leitarten finden sich hier z. B. die Heuschreckenarten Rotflügelige Schnarrschrecke oder der Warzenbeißer, bei den Tagfaltern die Berghexe und Rostbinde, der Kleine Perlmutterfalter und einige Bläulinge. Viele Wildbienenarten und seltene Laufkäfer leben hier. Vertreter aus der Vogelwelt sind Heidelerche, Neuntöter und Raubwürger.

Deutscher Enzian

Fetthenne

Kuhschelle

Kalkmagerrasen bei Wiesenthal

Berghexe

Esparsettenbläuling

Rostbinde

Hauhechelbläuling

Warzenbeißer

Rotflügelige Schnarrschrecke

Deutscher Enzian

Bienenragwurz

Fliegenragwurz

Großes Windröschen

Esparsette

RUDOLF DIEMER, INSTALLATEUR

geb. 1942 in Bad Neustadt/Saale

Er begann während eines Einsatzes als Monteur bei einer Ölfirma im südlichen Afrika von 1965 bis 1970 mit dem Fotografieren und Filmen von Tieren. Bei Exkursionen in die Nationalparks Etosha-Pfanne, Serengeti, Tsavo, Krüger-Park und Kilimandscharo entstanden die ersten Dokumentarfilme, wie „Die Buschmänner der Kalaharie".
Fortsetzung der Foto- und Filmarbeit in Deutschland, Südtirol, Norwegen, Alaska und der Rhön. Dabei entstanden u. a. über 10 000 Fotos der Landschaft und der Tierwelt. Mit einigen Bildern nahm er erfolgreich an internationalen Fotowettbewerben teil.
Mit seinen Filmen gewann er drei Filmpreise. Für den Dokumentarfilm „Hahnendämmerung – Das Jahr des Auerhahns" erhielt er 1999 beim Internationalen Naturfilmfestival in Düsseldorf den Filmpreis „Goldener Nautilus".
Es folgten weitere Filme, z. B. „De arte venandi cum avibus – Über die Kunst, mit Vögeln zu jagen", Teil 1: „Die Adler" und Teil 2: „Der Habicht". Für das Bayerische Fernsehen entstand im Jahre 2002 der Rhönfilm „Rund ums Dammersfeld – Unvergessene Heimat" und ein Industriefilm für die Siemens AG.
1998 in der Slowakei und 2001 in Südtirol drehte er zwei Fernsehfilme über den Steinadler. Ab 1992 arbeitete er mehrfach in Ostsibirien und Kamtschatka. Als Kameramann für das japanische Fernsehen nahm er dort an russisch-japanischen Expeditionen teil. Es entstand der Film „Nomaden der Arktis".
Weitere Fotoreisen führten nach Finnland, Polen, Rumänien und in die Mongolei.
Rudolf Diemer lebt in Bad Neustadt an der Saale.

JOACHIM JENRICH, DIPLOM-BIOLOGE

geb. 1967 in Friedrichshafen am Bodensee

Joachim Jenrich lebt seit 1974 in der Rhön. Er studierte an der Justus-Liebig-Universität Gießen Biologie, wo er sein Studium 1995 mit dem Diplom abschloss. Als selbständig tätiger Biologe arbeitete er viele Jahre im Landkreis Rhön-Grabfeld auf der Hochrhön für die Regierung von Unterfranken im Biosphärenreservat Rhön sowie über zwei Jahre in der Jugendbildungsstätte Wasserkuppe. Im Rahmen seiner freiberuflichen Tätigkeit als Natur- und Landschaftsführer veranstaltet er jährlich in Kooperation mit dem Rhönklub, NABU-Ortsgruppen, der Volkshochschule der Stadt Fulda, dem Vonderau-Museum Fulda sowie vielen Gemeinden und Vereinen zahlreiche Führungen und Vorträge. Außerdem ist er seit 1993 Ausbilder von Anwärtern für die Jägerprüfung im Landkreis Fulda.
Als Mitarbeiter beim Landkreis Fulda im Biosphärenreservat und Naturpark Rhön hat er zusammen mit Mitautoren Bücher über die Milseburg, die Wasserkuppe, die Radome der Wasserkuppe und das Rote Moor geschrieben. Sein neustes Werk behandelt den Heidelstein in der Rhön.
Joachim Jenrich lebt in Gersfeld/Rhön.